TAREAS DE UN PERRO DE TRABAJO

PERRO DE DETECCIÓN

Un libro de Las Ramas de Crabtree

Escrito por B. Keith Davidson
Traducción de Santiago Ochoa

CRABTREE
Publishing Company
www.crabtreebooks.com

Apoyo escolar para cuidadores y maestros

Este libro de alto interés está diseñado para motivar a los estudiantes dedicados con temas atractivos, mientras desarrollan la fluidez, el vocabulario y el interés por la lectura. A continuación se presentan algunas preguntas y actividades para ayudar al lector a desarrollar sus habilidades de comprensión.

Antes de leer:

- *¿De qué pienso que trata este libro?*
- *¿Qué sé sobre este tema?*
- *¿Qué quiero aprender sobre este tema?*
- *¿Por qué estoy leyendo este libro?*

Durante la lectura:

- *Me pregunto por qué...*
- *Tengo curiosidad de saber...*
- *¿En qué se parece esto a algo que ya conozco?*
- *¿Qué he aprendido hasta ahora?*

Después de leer:

- *¿Qué intentaba enseñarme el autor?*
- *¿Cuáles son algunos detalles?*
- *¿Cómo me ayudaron las fotografías y los pies de foto a entender más?*
- *Vuelve a leer el libro y busca las palabras del vocabulario.*
- *¿Qué preguntas tengo aún?*

Actividades de extensión:

- *¿Cuál fue tu parte favorita del libro? Escribe un párrafo sobre ella.*
- *Haz un dibujo de lo que más te gustó del libro.*

ÍNDICE

¿Qué hace un perro de detección?

Los perros de detección están entrenados para oler determinados **rastros** y guiar a sus **adiestradores** hasta ellos. Pueden utilizar su sentido del olfato para encontrar muchas cosas, desde bombas hasta el cáncer.

Estos perros trabajan cada día para hacer del mundo un lugar más seguro.

DATO

Los científicos estiman que el sentido del olfato de un perro es de 10 000 a 100 000 veces mayor que el de los humanos.

Los perros de detección se utilizan para encontrar personas atrapadas en escombros o ruinas.

Pueden encontrar incluso restos de personas que vivieron hace mucho tiempo porque pueden oler a través de las capas de tierra.

En 2019, los perros rastreadores ayudaron a encontrar una tumba de 3 000 años de antigüedad en Croacia.

Los perros de detección trabajan con la policía para encontrar explosivos y **sustancias** ilegales. A menudo lo hacen en los aeropuertos.

Los perros pueden buscar en una zona cuatro veces más rápido que un humano con resultados más precisos.

DATO Los perros de detección también pueden utilizarse para encontrar aparatos electrónicos y teléfonos celulares.

Sirviendo en la comunidad

En California, los perros de detección se utilizan en los embarcaderos públicos para buscar mejillones quagga. Los mejillones quagga perjudican el medio ambiente local.

Mejillones quagga

Las empresas de control de plagas utilizan perros de detección para buscar chinches en casas y hoteles. Los perros pueden oler las carcasas de los huevos, las chinches muertas e incluso las heces de las chinches.

DATO Los perros de detección tienen una tasa de éxito del 97.5% en la búsqueda de chinches.

Los perros de detección pueden oler cuando una tubería de agua se rompe o tiene una fuga subterránea. A veces se utilizan perros de detección para encontrar la fuga y poder repararla.

Razas

Todos los perros utilizan su olfato para entender el mundo que les rodea, pero solo algunas razas son adecuadas para el trabajo olfativo.

Springer spaniel inglés

Golden retriever

Labrador

Malinois belga

El springer spaniel inglés, el labrador, el golden retriever, el malinois belga, el pastor alemán y el border collie son algunas de las razas que constituyen los mejores perros de detección.

Pastor alemán

Border collie

El gobierno de Estados Unidos compra entre el 80 y el 90% de sus perros de detección en Europa.

Grupo deportivo

Los spaniels y los retrievers pertenecen al grupo deportivo. Utilizados originalmente como perros de caza, no es de extrañar que sean buenos perros de detección. A ello contribuye que sean inteligentes, **curiosos** y fáciles de adiestrar.

DATO

El labrador y el golden retriever se encuentran entre las mascotas más populares del mundo. Sin embargo, ninguno de los dos ha ganado nunca el premio al Mejor de la Muestra en la famosa Exposición Canina de Westminster.

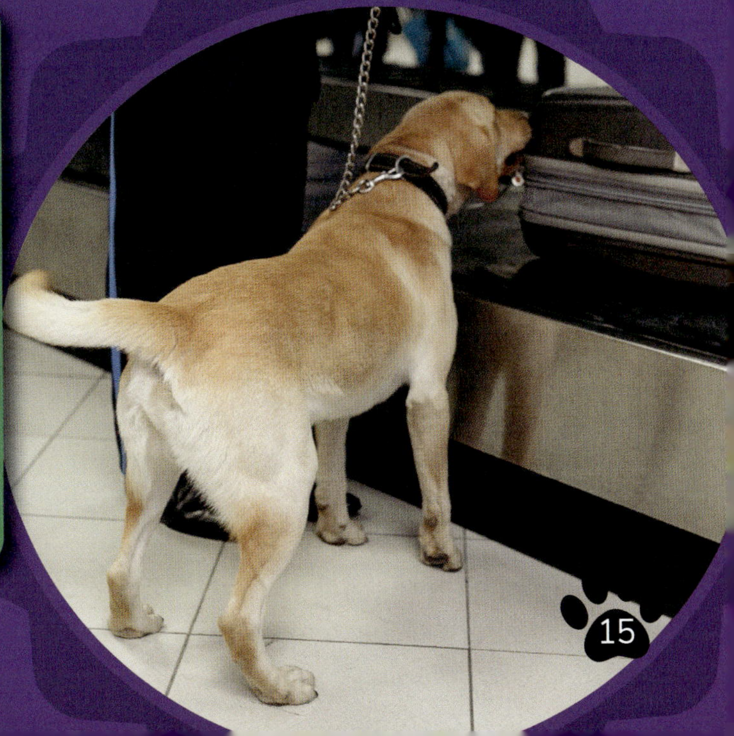

Grupo de pastores

Los border collies, los malinois belgas y los pastores alemanes pertenecen al grupo de los pastores. Son perros muy inteligentes que disfrutan aprender, lo que hace que sean fáciles de adiestrar. Los perros de pastoreo también son excelentes mascotas. Suelen vigilar a los niños que pertenecen a su familia.

Los malinois belgas y los pastores alemanes son perros de trabajo con múltiples fines. Pueden utilizarse para patrullar, atacar y proteger.

¿Cómo elegir el cachorro perfecto?

Los perros de detección se crían para ser perros de trabajo. Los criadores preparan a sus cachorros para algún tipo de trabajo con la nariz.

A veces, los cachorros son expuestos a varios rastros antes de nacer. Los rastros se le dan a la madre en la comida.

Desde perros guía hasta perros guardianes, el tipo de trabajo que realizará un cachorro dependerá de su personalidad.

Para encontrar futuros perros de detección, los **criadores** buscan cachorros con un poco más de energía. Observan para encontrar a los cachorros a los que les gusta seguir rastros cuando están al aire libre.

Un perro de detección es curioso por naturaleza. El trabajo con la nariz puede ser muy aburrido para un perro que no lo disfrute.

DATO Algunos adiestradores empiezan a entrenar a los cachorros para rastrear cuando tienen apenas tres días de nacidos.

Adiestramiento

El adiestramiento comienza con un aroma y una golosina. Los adiestradores ponen una golosina en una mano y un paquete con rastros en la otra.

DATO Los perros huelen por capas. Esto les permite encontrar olores individuales, incluso cuando están mezclados con otros olores.

El perro solo recibe la golosina cuando va al lugar donde está el rastro. El perro aprende que si encuentra algo con ese aroma, recibirá una golosina.

Un método de adiestramiento consiste en colocar el rastro en un recipiente al lado de otros recipientes iguales. El perro tiene que encontrar el recipiente que contenga el rastro. Esto obliga al perro a confiar solo en su nariz.

Cuando el perro encuentra el rastro, recibe un premio de inmediato. De este modo, el perro aprende a relacionar la recompensa con la búsqueda del rastro.

Los científicos están intentando crear «narices robóticas» que puedan detectar los rastros tan bien como las narices de los perros.

¡Los perros de detección son héroes!

Perros ecológicos

Los Everglades de Florida están siendo invadidos por pitones que están destruyendo el **ecosistema** local. Los perros de detección de la Universidad de Auburn han servido para rastrear y eliminar docenas de estas peligrosas serpientes.

DATO

En 2010, dos perros lograron encontrar 19 pitones en el Parque Nacional de los Everglades.

Pitón

¡Los perros luchan contra el cáncer!

Los perros de detección también se utilizan para luchar contra el cáncer. Utilizando muestras de pacientes, los científicos han entrenado a los perros para usar su nariz e **identificar** qué muestras tienen células cancerosas.

Los perros de detección ayudan a la gente todos los días en todo el mundo.

DATO Los perros rastreadores pueden detectar un picogramo, que es la trillonésima parte de un gramo, de una sustancia.

Glosario

adiestradores: Personas que están a cargo de perros de detección.

criadores: Personas que crían animales, como perros, para producir más.

curiosos: Que quieren averiguar o aprender algo.

ecosistema: Conjunto de plantas y animales que interactúan entre sí y con su entorno físico.

identificar: Reconocer o decir lo que es algo.

rastros: Olores que deja una sustancia o cosa determinada.

sustancias: Tipos de sólidos, líquidos o gases que tienen determinadas características.

Índice analítico

Sitios web para visitar

www.akc.org/expert-advice/training/how-to-teach-your-dog-scent-work

www.k9ofmine.com/dog-training-for-kids

www.savvyleo.com/science/animals/police-dogs

Sobre el autor

B. Keith Davidson

B. Keith Davidson creció rodeado de perros, y siempre le han fascinado los vínculos que comparten los humanos y estas criaturas tan especiales. Los beagles son sus perros favoritos, aunque sean testarudos y frustrantes. Tiene una maestría en Historia de Canadá por la Universidad de Carleton.

CRABTREE Publishing Company

Written by: B. Keith Davidson
Designed by: Jennifer Dydyk
Edited by: Kelli Hicks
Proofreader: Janine Deschenes
Translation to Spanish: Santiago Ochoa
Spanish-language layout and proofread: Base Tres
Print coordinator: Katherine Berti

Photographs: Cover illustration of Dog(also on title page) © Nevada3, photo of dog © YAKOBCHUK VIACHESLAV, Page 4 © Alexey Seafarer, Page 5 both photos © YAKOBCHUK VIACHESLAV, Page 6 © IV. andromeda, Page 7 © Three Dogs photography, Page 8 © YAKOBCHUK VIACHESLAV, Page 9 top photo © Belish, bottom photo © Dragosh Co, Page 10 dog © Tara Lynn and Co, sign © Amelia Martin, Page 11 nose © SGM, bugs © Andrey_Popov, Page 12 springer spaniel © rebeccaashworth, retriever © Olena Brodetska, Page 13 Labrador © Dora Zett, Belgian Malinois © Best dog photo, German shepherd © Osetrik, border collie © Elayne Massaini, Page 14 © Linn Currie, Page 15 top photo © atiger, bottom photo © Dragosh Co, Page 16 top photo © Andrew Angelov, Page 17 top photo © Mountains Hunter, photo across Page 16 and 17 © Geoffrey Kuchera, Page 18 © stockphoto mania, Page 19 top photo © ZoranOrcik, bottom photo © Happy monkey, Page 20 and Page 21 top photo © Vladimir Tretyakov, Page 21 bottom photo © Marry Kolesnik, Page 22 © Melounix, Page 23 top photo © Mikhail Gnatkovskiy, bottom photos © Masarik, Page 24 © Couperfield, Page 25 top photo © benokky1972, bottom photo © RODKARV, Page 26 and 27 © pisaphotography, Page 27 top photo © Andreas Holz, bottom photo © Heiko Kiera, Page 28 test tubes © Pencil case, dog © Fabian Faber, Page 29 top photo © Ali. Fahmi, bottom photo © Fernando Coelho. All images from Shutterstock.com except Page 10 mussels © Beata Haliw | istock by Getty Images

Library and Archives Canada Cataloguing in Publication

Available at the Library and Archives Canada

Library of Congress Cataloging-in-Publication Data

Available at the Library of Congress

Published in the United States
Crabtree Publishing
347 Fifth Avenue
Suite 1402-145
New York, NY, 10016

Published in Canada
Crabtree Publishing
616 Welland Ave.
St. Catharines, ON
L2M 5V6

Crabtree Publishing Company
www.crabtreebooks.com 1-800-387-7650

In Canada: We acknowledge the financial support of the Government of Canada through the Canada Book Fund for our publishing activities.

Printed in the U.S.A./062022/CG20220124